**OS DINOSSAUROS ERAM CRIATURAS INCRÍVEIS
QUE VIVERAM NA TERRA HÁ MILHÕES DE ANOS!**

**ALGUNS DINOSSAUROS ERAM ENORMES!**

**O TIRANOSSAURO REX ERA UM DOS DINOSSAUROS MAIS FAMOSOS E TINHA DENTES AFIADOS COMO FACAS!**

**OS DINOSSAUROS PODIAM SER HERBÍVOROS, COMENDO APENAS PLANTAS, OU CARNÍVOROS, QUE COMIAM OUTROS ANIMAIS.**

**EXISTIAM DINOSSAUROS QUE VOAVAM, COMO O PTEROSSAURO, QUE TINHA ASAS GIGANTES!**

**OS DINOSSAUROS BOTAVAM OVOS, ASSIM COMO AS AVES MODERNAS.**

**UMA MAMÃE E SEU BEBÊ DINOSSAURO.**

ALGUNS DINOSSAUROS TINHAM ESPINHOS OU PLACAS EM SUAS COSTAS PARA SE PROTEGEREM DE PREDADORES.

**O PESCOÇO LONGO DE ALGUNS DINOSSAUROS AJUDAVA A ALCANÇAR FOLHAS ALTAS DAS ÁRVORES PARA SE ALIMENTAR.**

OS DINOSSAUROS VIVERAM EM DIFERENTES PERÍODOS GEOLÓGICOS, COMO O JURÁSSICO E O CRETÁCEO.

**OS DINOSSAUROS CAMINHAVAM SOBRE PATAS FORTES E TINHAM GARRAS AFIADAS PARA SE DEFENDEREM.**

**O TRICERATOPS TINHA TRÊS CHIFRES EM SEU ROSTO E ERA UM DINOSSAURO HERBÍVORO MUITO RESISTENTE.**

**OS DINOSSAUROS TINHAM UMA INCRÍVEL DIVERSIDADE DE FORMAS, TAMANHOS E CORES, POR ISSO SÃO FASCINANTES.**

**OS DINOSSAUROS FORAM EXTINTOS HÁ CERCA DE 65 MILHÕES DE ANOS, MAS SEU LEGADO VIVE ATRAVÉS DOS FÓSSEIS.**

OS PALEONTÓLOGOS SÃO CIENTISTAS QUE ESTUDAM FÓSSEIS DE DINOSSAUROS PARA DESCOBRIR COMO ELES VIVIAM, SE ALIMENTAVAM E SE COMPORTAVAM.

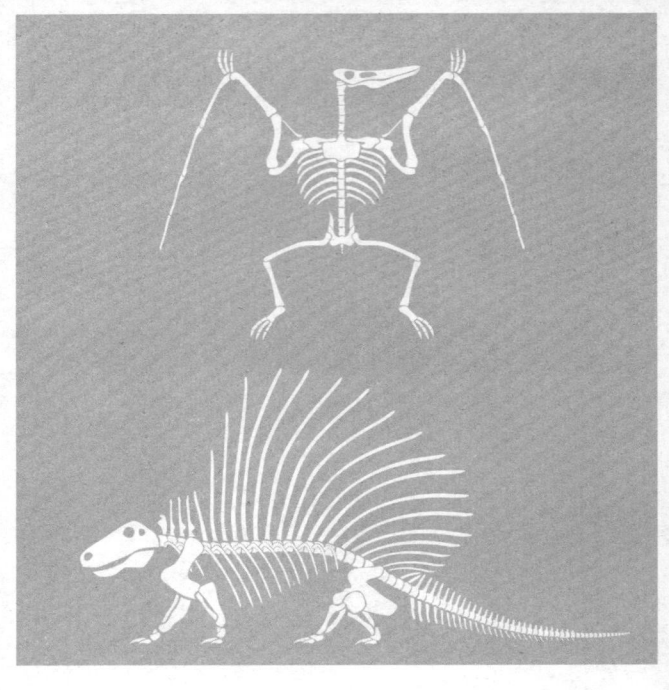

**ESTUDAR DINOSSAUROS NOS AJUDA A ENTENDER MELHOR A HISTÓRIA DA VIDA NA TERRA E COMO NOSSO PLANETA MUDOU AO LONGO DO TEMPO!**